# Cómo ganar LA GUERRA ESPIRITUAL

## PASOS A LA LIBERTAD EN CRISTO

# NEIL T. ANDERSON

Publicado por
Editorial **Unilit**
Miami, Fl. U.S.A
Derechos reservados

Primera edición 1997

Publicado en inglés con el título *Winning Spiritual Warfare*
Texto tomado de *The Bondage Breaker*
© 1990 por Harvest House Publishers
Eugene, Oregon 97402

Los nombres de las personas que aparecen en este libro
han sido cambiados para proteger su privacidad.

Traducido al español por: Nellyda Pablovsky

Citas Bíblicas tomadas de la versión Reina Valera,
Revisión 1960 © Sociedades Bíblicas Unidas
Usada con permiso

Producto 498512
ISBN 0-7899-0259-1
Impreso en Colombia
*Printed in Colombia*

# CONTENIDO

---

## *1*

## *2*

## *3*

## *4*

# CONTENIDO

## *¡Libre, por fin!*

*H*ace unos pocos años hablé en una iglesia del sur de California sobre el movimiento de la Nueva Era. Mi texto era 1 Timoteo 4:1:

"Pero el Espíritu dice claramente que en los postreros tiempos algunos apostatarán de la fe, escuchando a espíritus engañadores y a doctrinas de demonios". Después de terminar mi mensaje, fui rodeado en el frente del santuario por personas, que querían saber más de la libertad de conflictos espirituales, causados por influencias demoníacas.

Sentada en la parte de atrás, justo al centro del santuario, había una mujer de 22 años, que había estado llorando descontroladamente desde el mismo momento que el servicio había terminado. Varias personas habían intentado consolarla, pero no dejaba que nadie se le acercara. Por último, un miembro del personal de la iglesia se abrió camino en medio de la multitud que me rodeaba y dijo:

—Lo lamento, hermanos, pero necesitamos de inmediato al doctor Anderson allá atrás.

Al ir acercándome a la joven pude oír sus sollozos:

—¡Él entiende! ¡Él entiende!

Pudimos sacarla del santuario llevándola a una oficina privada. Luego que se calmó, fijamos una cita para la próxima semana.

Cuando Nancy llegó a su cita, contó su horrible infancia que incluía un padre abusador y una abuela que se identificaba como bruja negra.

—Cuando tuve tres años recibí a mis guardianes, mis guías espirituales —continuó ella—. Eran mis compañeros, los que me decían cómo vivir y qué decir. Nunca cuestioné si tener guías espirituales era algo fuera de lo normal, hasta que mi madre me llevó a la escuela dominical. Entonces, empecé a sospechar que mis compañeros interiores de ninguna manera eran buenos para mí. Cuando le pregunté a mis padres sobre eso, mi padre me pegó. ¡Nunca volví a preguntar!

Para soportar la creciente tortura que sus guías espirituales ocasionaban en su vida, Nancy recurrió a una rígida disciplina personal. En sus años de educación secundaria, confió en Cristo como Salvador suyo pero, en lugar de dejarla, sus "guardianes" siguieron molestándola.

Después de terminar la secundaria, Nancy se fue al lugar donde más disciplina se le exige a la persona, donde la disciplina es lo fundamental: los cuerpos comandos de la Armada.

Decidida a convertirse en la más recia de las mujeres comando, se ganó recompensas por su disciplina. Sin embargo, el tormento espiritual seguía empujando su mente y emociones hacia el borde del abismo. Ella se negaba a contarle a nadie de su lucha mental por miedo a que la catalogaran de enferma mental. Al pasar el tiempo, finalmente, la presión de la lucha espiritual que tenía era tan violenta, que tuvo su explosión, lo que ocasionó que Nancy tuviera que someterse a un examen médico, lo cual arrojó un resultado negativo para continuar en el Comando, y se produjo la baja por razones de salud, y Nancy se retiró a una existencia solitaria, de tormento y dolor internos. Este era el estado de Nancy cuando vino a la iglesia y me oyó hablar de los espíritus engañadores.

—¡Por fin, alguien que me entiende! —Terminó muy llorosa Nancy.

—¿Le gustaría librarse de sus guías espirituales? —le pregunté.

Hubo una larga pausa:

—¿Realmente se irán o yo volveré a casa y otra vez me darán una paliza?

—Será libre —le aseguré.

Una hora después, Nancy *era* libre y nos estaba abrazando, abiertamente como nunca antes.

—¡Ahora puedo invitar personas a mi casa! —exclamaba gozosa.

## *La realidad del lado tenebroso*

La experiencia de Nancy no es algo siniestro y errático en la comunidad cristiana contemporánea. Efectivamente, en más de 20 años de ministerio como pastor, consejero, profesor de seminario y conferencista, he conocido y ministrado a más cristianos esclavizados en el lado tenebroso del mundo espiritual, de lo que usted pudiese creer.

Mi propia peregrinación en este ámbito del ministerio no fue elección propia. Yo era un ingeniero aeroespacial antes que Dios me llamara al ministerio. Cuando yo era un simple cristiano laico nunca sentí curiosidad por la actividad demoníaca o el ocultismo. El atractivo del saber esotérico y del poder ocultista nunca me tentó.

Por otro lado, siempre estuve dispuesto a creer lo que la Biblia dice del mundo espiritual, aunque sea contrario a la opinión aceptada. Como resultado, hace 15 años el Señor me empezó a dirigir a cristianos como Nancy, esclavizados en varias formas del satanismo y del ocultismo. También empecé a conocer a muchos creyentes que estaban dominados por pautas de pensamientos, costumbres y conductas que bloqueaban su crecimiento. Mi deseo era libertar a estas personas, para que llevaran vidas productivas, pero a pesar de la preparación que tenía no estaba bien equipado para este asunto. Me fui abriendo camino dando muchos tropezones al principio, pues tuve muchos fracasos en mis primeros intentos de ministrarles pero, también tuve algunos éxitos sorprendentes. He llegado a la conclusión que los cristianos, carecen lamentablemente de preparación para enfrentarse al mundo oscuro del reino de Satanás o para ministrar a quienes estén esclavizados con él.

¿Es usted uno de esos cristianos que vive en la callada desesperación de la esclavitud del miedo, ira, depresión, costumbres que no puede cambiar, pensamientos o voces internas que no puede eludir o conducta pecadora de la cual no puede escapar? No digo que todo problema sea resultado de la actividad demoníaca directa. Pero usted puede estar esclavizado, porque ha pasado por alto o negado la realidad de los poderes demoníacos del mundo actual.

## *Dios lo quiere maduro y libre*

A través de años de mucho estudio, y de mucha práctica ministrando por distintos lugares, he llegado a entender que hay dos conceptos determinantes de lo victorioso y fructífero del cristiano. El primer concepto es *madurez*. Pablo escribió: "Crezcamos en todo en aquel que es la cabeza, esto es, Cristo... a un varón perfecto, a la medida de la estatura de la plenitud de Cristo" (Efesios 4:15,13).

Dios nos ha dado todo lo que necesitamos para madurar en Cristo (2 Pedro 1:3). Sin embargo, Satanás se opone a que maduremos y hará todo lo que pueda, para impedir que nos demos cuenta de quiénes somos y qué tenemos en Cristo. Cómo luchamos contra principados y potestades en lugar de carne y sangre (Efesios 6;12), debemos tener victoria sobre el lado tenebroso antes de poder madurar plenamente.

El segundo concepto de la vida cristiana exitosa es *libertad*. Pablo declaró: "Estad, pues, firmes en la libertad con que Cristo nos hizo libres, y no estéis otra vez sujetos al yugo de esclavitud" (Gálatas 5:1). Este versículo no nos asegura tan sólo que Dios nos quiere libres, si no que nos advierte que podemos perder nuestra libertad.

Antes de recibir a Cristo éramos esclavos del pecado. Debido a la obra de Cristo en la cruz, ha sido roto el poder del pecado en nosotros. Satanás no tiene derechos de propiedad ni autoridad en nosotros. Él es un enemigo derrotado, pero se dedica a impedir que nos demos cuenta de esto. Él sabe que puede bloquear la efectividad del cristiano, sí puede engañarlo para que usted crea que no es nada, si no resultados de su pasado, sujeto al pecado, proclive al fracaso y dominado por sus costumbres. En la medida en que pueda confundirlo y cegarlo con sus mentiras tenebrosas, usted no será capaz de ver que están rotas las cadenas que antes lo ataban. Usted es libre en Cristo, pero si el diablo puede engañarlo para que crea que no lo es, no vivirá la libertad que es su legado. No creo en la madurez instantánea pero sí creo en la libertad instantánea y he visto a miles de personas, ser libertadas por la verdad. En cuanto la persona queda libre, ¡se sorprenderá de la rapidez con que madura!

# 2

## *Jesús le protege*

*E*n una conferencia de fin de semana que estaba impartiendo, acerca de conflictos espirituales, recibí una carta de una señora llamada Frances. Después de leer la carta me di cuenta que los problemas que enfrenta Frances, captan vívidamente la naturaleza de los conflictos que encaran la gran mayoría de los cristianos:

Querido doctor Anderson:
Asistí a las sesiones suyas del domingo, pero mientras esperaba para conversar con usted, después de la reunión vespertina del domingo, me sentí mal repentinamente. Estaba ardiendo como si tuviera fiebre y me debilité tanto que creí que me iba a desmayar, así que me fui a casa.

Necesito ayuda. He tenido más problemas en mi vida desde mi conversión a Cristo que nunca antes. Me he pasado de la dosis de alcohol y drogas tantas veces que ya no las cuento. Me he tajeado varias veces con hojas de afeitar, a veces

13

muy gravemente. He tenido pensamientos y sentimientos e ideas de suicidio semanalmente, como apuñalarme en el corazón. Soy esclava de la masturbación; estoy descontrolada y no sé cómo parar.

Por fuera parezco muy normal. Tengo un buen trabajo, y vivo con una conocida familia de nuestra comunidad. Hasta trabajo con jóvenes de mi iglesia. Sin embargo, ya no puedo realmente explicar mi relación con Dios. He estado viendo un psiquiatra por dos años. A veces pienso que soy de esta manera debido a una infancia trastornada o, quizá, nací así.

¿Cómo puedo discernir si mis problemas están en mi mente o son el resultado del pecado de estar en contra de Dios, o son desobediencia a Dios o pura influencia demoníaca? Me gustaría hablar con usted en la conferencia pero no quiero ensayar más remedios que no sirven.

Frances

La confusión de la mente de Frances, es un claro indicio de que su problema es el resultado de influencia demoníaca. Me reuní esa semana con ella, pues estaba tan mal, tan frustrada y derrotada como se leía en su carta. Ella quería servir a Dios con todo su corazón y tenía tanto acceso al poder y autoridad para resistir a Satanás como usted o yo. Sin embargo, ella estaba siendo azotada por todos lados, como si fuera una pelota, porque no entendía su autoridad ni su protección en Cristo.

En cuanto Frances empezó a darse cuenta de que ella no estaba indefensa, ni impotente en la batalla, y que podía elegir opciones para cambiar su estado, se soltaron las cadenas y ella salió caminando libre. Su libertad no sólo cambió espectacularmente su vida, si no que también afectó para siempre de una manera positiva, a muchas personas que la conocían.

## *Metiéndose bajo la protección de Dios*

¿Ha vivido usted la experiencia de lo dicho por Frances: "He tenido más problemas en mi vida desde mi conversión a Cristo que nunca antes"? Cuando usted llegó a ser hijo de Dios, se ganó un enemigo que antes no tenía. En su época A.C. (antes de Cristo) el dios de este mundo no se molestaba con usted, porque usted ya era parte de su reino. Su meta era mantenerlo ahí, ignorando y ciego a lo que Dios ha provisto para su salvación (2 Corintios 4:3,4). Cuando usted empezó a vivir en Cristo, Satanás no enrolló su cola ni guardó sus colmillos. Al contrario, ahora va a comenzar una guerra contra usted, para arruinar su vida, va a usar todo tipo de engaños, para hacerle ver que el cristianismo no sirve, no funciona, que la Palabra de Dios no es verdad y que, en realidad, nada sucede cuando usted nace de nuevo.

"¿Así, pues, cuál es la ventaja de ser cristiano? ¿Quién, en su sano juicio, querría firmar un contrato para una vida de problemas?" —Puede usted preguntarse. En realidad no tiene que ser una vida de problemas. Usted no tiene que ser como indefensa pelota a la merced de Satanás y sus demonios. Dios ya ha provisto la protección que usted necesita para desviar todos y cada uno de los ataques del reino espiritual. Usted tan sólo tiene que conocer lo que Dios ha provisto y aplicarlo a su propia experiencia.

Algunos cristianos andan con un poco de delirio de persecución sobre los poderes malignos, sospechando que los demonios acechan a la vuelta de cada esquina a la espera de poseerlos. Ese es un miedo sin fundamentos. Nuestra relación con los poderes demoníacos del ámbito espiritual, es muy parecida a nuestra relación con los gérmenes del ámbito físico. Sabemos que los gérmenes nos rodean por todos lados: en el aire, el agua, la comida, otras personas, hasta están en nosotros pero, ¿vive usted constantemente atemorizado por si se enferma? ¡No, a menos que sea hipocondríaco! Usted sabe muy bien el bienestar que causa comer bien, buenos y frescos alimentos, descansar confortablemente en un ambiente acogedor y limpio. Si por alguna razón se resfría o le da sarampión, sencillamente trata el problema, va al doctor, toma sus medicinas y continúa viviendo.

Lo mismo pasa en el ámbito espiritual. Los demonios son como gérmenes invisibles que andan buscando a quien infestar. La Escritura nunca nos dice que les tengamos miedo. Usted sólo tiene que estar consciente de su realidad y dedicarse a llevar una vida recta a pesar de ellos. Si llega a caer bajo el ataque de ellos, levántese y siga adelante con su vida. Recuerde: lo único grande de un demonio es su boca. Los demonios son mentirosos crónicos. En Jesucristo, la Verdad, usted está equipado con toda la autoridad y protección necesaria para esquivar y destruir cualquier cosa que le arrojen.

La Carta Magna de la protección del cristiano es Efesios 6:10-18. Lo primero que usted debe entender de este pasaje, sobre recibir la protección de Dios es que nuestro rol no es pasivo. Dios nos pide que seamos partícipes activos de la defensa espiritual que Él ha provisto para nosotros. Fíjese cuán a menudo Dios nos manda a desempeñar un rol activo (énfasis del autor):

> Por lo demás, hermanos míos, *fortaleceos* en el Señor, y en el poder de su fuerza. *Vestíos* de toda la armadura de Dios, para que *podáis estar firmes* contra las asechanzas del diablo. Porque no tenemos lucha contra sangre y carne, sino contra principados, contra potestades, contra los gobernadores de las tinieblas de este siglo, contra huestes espirituales de maldad en las regiones celestes. Por tanto, *tomad* toda la armadura de Dios, para que *podáis resistir* en

el día malo, y habiendo acabado todo, *estar firmes*.

Efesios 6:10-13.

Es posible que usted se esté preguntando: "Si mi posición en Cristo es segura y mi protección se halla en Él, ¿por qué tengo que participar activamente? ¿No puedo tan sólo descansar en Él y dejar que Él me proteja?" Eso es como un soldado que dice: "Nuestro país es una gran potencia militar. Tenemos los tanques, aviones, misiles y barcos más avanzados del mundo ¿Por qué molestarme en ponerme un casco, hacer guardias o aprender cómo disparar un arma de fuego? Es mucho más cómodo quedarse en el campamento mientras los tanques y aviones dan la batalla". Pero si no se hace guardia, los soldados enemigos pueden infiltrarse en nuestro territorio, entonces ¡imagínese cuál será el primer soldado hecho prisionero!

Dios, nuestro "Comandante en Jefe" ha provisto todo lo que necesitamos, para asegurar la victoria sobre las fuerzas malignas de las tinieblas. No obstante,, Él dice: "Yo he preparado una estrategia ganadora y he diseñado armas efectivas, pero si ustedes no hacen su parte haciendo el servicio activo, probablemente serán bajas. En su libro clásico *War on the Saints* [Guerra a los Santos] Jessie Penn-Lewis manifestó: "La principal condición para la obra de los espíritus malignos en una persona, aparte del pecado, es la pasividad que se opone exactamente, a la condición requerida por Dios en Sus hijos, para obrar en ellos"[1] Usted no puede esperar que Dios le proteja de las influencias demoníacas si no participa activamente en Su estrategia preparada.

## *Vestido para triunfar*

El elemento primordial de nuestra protección es: la armadura que Dios nos ha provisto instruyéndonos para ponérnosla. Pablo escribió:

> Estad, pues, firmes, ceñidos vuestros lomos con la verdad, y vestidos con la coraza de justicia, y calzados los pies con el apresto del evangelio de la paz. Sobre todo, tomad el escudo de la fe con que podáis apagar todos los dardos de fuego del maligno. Y tomad el yelmo de la salvación, y la espada del Espíritu, que es la palabra de Dios.
>
> Efesios 6:14-17

Cuando nos ponemos la armadura de Dios, nos estamos realmente poniendo a Cristo (Romanos 13:12-14). Cuando nos ponemos a

---

1. Jessie Penn-Lewis, *War on the Saints*, 9 edición, (Nueva York: Thomas E. Lowe, Ltd., 1973).

Cristo, nos salimos del ámbito de la carne, donde somos vulnerables al ataque, y nos ponemos dentro del dominio de Cristo, donde el maligno no puede tocarnos. Satanás nada tiene en Cristo (Juan 14:30) y, en la medida en que nos sometamos a Cristo, el maligno no puede tocarnos (1 Juan 5:18). El diablo puede tocar solamente aquello que está a su propio nivel. Por eso se nos manda, "no proveáis para los deseos de la carne" (Romanos 13:14). Lo que significa "no vivan a nivel de Satanás".

Aunque la armadura de Dios está a nuestra pronta disposición y nuestro destino eterno está asegurado, seguimos siendo vulnerables a las acusaciones, tentaciones y engaños de Satanás. Si cedemos a eso, podemos ser influenciados por los deseos de Satanás (Gálatas 5:1). Si seguimos bajo su influencia por tiempo suficiente, podemos perder el control. Sí, los creyentes pueden ser dominados por Satanás si fallan en resistirle. Sin embargo, *la propiedad* nunca está en juego. Pertenecemos a Cristo y Satanás no puede tocar nuestra identidad básica en Él. Sin embargo, en cuanto vivimos en este cuerpo podemos permitirnos ser blancos vulnerables de todos sus malignos dardos.

# 3

## *Los poderes existentes*

◆

Virtualmente todos los cristianos evangéli-
cos, y hasta muchos liberales, concuerdan en
que Satanás es un ser vivo, responsable del
mal del mundo actual. Muchas confesiones de
fe comprendían una sección referida al creer
en un diablo personal; no se trata que cada
persona tuviera un diablo para sí, si no que el
diablo es un personaje real más que una mera
fuerza impersonal. Sin embargo, hoy cuando
uno empieza a hablar de que los demonios
están vivos y activos en el mundo actual, muchos cristianos se erizan diciendo: "Párese
ahí. Yo creo en el diablo pero no me trago eso
de los demonios".

Yo pregunto a esta gente: ¿Cómo cree que
Satanás realiza su ministerio mundial de maldad y engaño? Él es un ser creado. No es omni-
presente, ni omnisciente, ni omnipotente. No
puede estar en todas partes al mismo tiempo
tentando y engañando a millones de personas.
Él lo hace por medio de un ejército de emisarios

(demonios, espíritus malignos, ángeles caídos, etc.), que propagan su plan de rebelión por todo el mundo.

El descreimiento de la actividad demoníaca personal (o el miedo inusitado de los demonios) es la prueba más táctica que Satanás ha creado para ponerla en nuestra mente para distorsionar la verdad. En el clásico *Cartas a un diablo novato*, su autor C. S. Lewis, escribió: "Hay dos errores iguales y opuestos en que cae nuestra raza respecto de los diablos. Uno es descreer su existencia. El otro es creer y sentir un interés insaciable por ellos. Ellos mismos se complacen por igual con ambos errores y dan vivas al materialista o al mago con el mismo deleite.[2]

## *Recogiendo el guante del mal*

La Biblia no intenta demostrar la existencia de los demonios más de lo que intenta demostrar la existencia de Dios. Sencillamente informa de sus actividades como si los lectores nuevos aceptaran su existencia. Quizá la mejor descripción del ejército espiritual que molesta al pueblo de Dios se halla en Efesios 6:12: "Porque no tenemos lucha contra sangre y carne, sino contra principados, contra potestades,

---

2. C.S. Lewis, *Cartas a un diablo novato*, Editorial Universitaria Andrés Bello, 1990, Chile.

contra los gobernadores de las tinieblas de este siglo, contra huestes espirituales de maldad en las regiones celestes".

¿Cómo interfieren estos espíritus malignos en nuestra vida? Permita que responda con una ilustración sencilla. Imagínese que usted está de pie, en un extremo de una calle larga y angosta, a cuyos lados hay hileras de casas de dos pisos. En el otro extremo de la calle está Jesucristo y la joven vida cristiana que usted está en el proceso de caminar por esa calle larga de la maduración en Él. No hay absolutamente nada en la calle que le impida llegar a Jesús. Así, pues, cuando usted recibe a Cristo, fija sus ojos en Él y se echa a andar.

Pero como este mundo está todavía dominado por Satanás, las casas de ambos lados están habitadas por seres dedicados a impedir que usted llegue a la meta. No tienen poder ni autoridad para bloquear su camino, ni siquiera para retardar su paso, de modo que se cuelgan de las ventanas y lo llaman, esperando distraer su atención de la meta e interrumpir así su avance.

Una de las maneras en que tratarán de distraerle es gritando: "Oye, mira para acá. Tengo algo que tú realmente quieres. Tiene buen sabor, se siente rico y es mucho más divertido que tu aburrida caminata por la calle. Vamos, entra y echa una mirada". Esa es la tentación que sugiere a su mente que se satisfaga a usted mismo en lugar de complacer a Dios.

Al seguir usted caminando hacia Cristo, también tendrá pensamientos como: "Soy estúpido. Soy feo. Nunca significaré nada para Dios". Los emisarios de Satanás son maestros en acusar, especialmente después que le han distraído por medio de la tentación. En un minuto dicen: "Prueba esto; no hay nada malo en ello". Luego, cuando usted cede, ahí mismo comienzan a acusarlo: "mira lo que hiciste, ¿cómo puedes decir que eres cristiano cuando te portas así?" La acusación es una de las armas primordiales de Satanás en su intento de distraerle a usted de su meta.

Otros comentarios son arrojados a usted al ir caminando por la calle y son algo así: "Tú no tienes que ir hoy a la iglesia. No es importante leer la Biblia y orar a diario. Hay cosas de la Nueva Era que no son tan malas". Ese es un engaño muy sutil, un arma muy eficiente de Satanás, muy debilitante si le presta atención. A menudo usted escuchará esos mensajes en primera persona singular: "No tengo que ir hoy a la iglesia, orar, leer mi Biblia", etc. Satanás sabe que usted será engañado más fácilmente, si puede hacerle pensar que el pensamiento es suyo en lugar de ser de él.

¿Cuál es la meta del enemigo al hacer que sus demonios se burlen de usted, le molesten, le atraigan, le cuestionen desde las ventanas y puertas de las casas a lo largo de la calle? Él quiere que usted se ponga lento, se pare, se siente y, de ser posible, deje de viajar hacia

Cristo. Él quiere influir en usted para que dude de su habilidad para creer y servir a Dios. Recuerde: Él no tiene absolutamente poder ni autoridad, para impedir que usted avance progresivamente en su camino a Cristo. Él nunca podrá ser su dueño de nuevo porque usted ha sido redimido por Jesucristo y está para siempre en Él (1 Pedro 1:18,19). No obstante, si él logra hacer que usted escuche los pensamientos que le planta en su mente, puede influir en usted. Si deja que le influya suficiente tiempo por medio de la tentación, acusación y engaño, puede dominarlo.

## 4

## *Pasos hacia la libertad en Cristo*

◆

*L*a libertad en Cristo, y salir del engaño e interferencia demoníacas es el legado de todo creyente (Gálatas 5:1). Cristo lo ha liberado por medio de Su victoria sobre el pecado y la muerte en la cruz. Pero si usted ha perdido algo de su libertad porque fracasó en afirmarse en la fe o por haber desobedecido a Dios, es su responsabilidad hacer todo lo que sea necesario, para restablecer la relación recta con Dios. Su destino eterno no está en juego; usted está seguro en Cristo. Sin embargo, su victoria diaria en Él será débil en el mejor de los casos, si usted no hace su parte para apropiarse de su libertad.

Recuerde: Usted no es la víctima indefensa agarrada entre dos superpotencias celestiales, casi iguales pero opuestas. Comparado con el poder limitado de Satanás, Dios se sale por completo de los gráficos en Su omnipotencia, omnipresencia y omnisciencia: ¡y usted está en Él! A veces la realidad del pecado y la presencia del mal, pueden parecer más reales que la realidad y la presencia de Dios, pero eso es parte del engaño de Satanás. Satanás es un enemigo derrotado y nosotros estamos en Cristo el Triunfador eterno. Por eso adoramos a Dios: para mantener Sus atributos divinos constantemente ante nosotros y para contrarrestar las mentiras de Satanás. El conocimiento verdadero de Dios y de nuestra identidad en Cristo son los determinantes mayores de nuestra salud mental. Un concepto falso de Dios, y la deificación desviada de Satanás son los mayores contribuyentes de la enfermedad mental.

En este capítulo quiero presentar siete pasos específicos que usted puede dar para vivir la plena libertad y victoria que Cristo adquirió por y para usted en la cruz. Si usted ha perdido su libertad se debe a lo que ha optado por creer y hacer. Consecuentemente, su libertad será el resultado de lo que usted opte ahora, por creer, confesar, perdonar, renunciar y abandonar. Nadie puede creer por usted. No espere que otra persona haga por usted, lo que usted sólo debe hacer. La batalla por su mente puede ser ganada solamente en la medida en que usted personalmente elija la verdad.

Al ir dando estos pasos a la libertad, recuerde que Satanás será derrotado solamente si usted le confronta en voz alta. Él no puede leer su mente y no está obligado a obedecer sus

pensamientos. Solamente Dios tiene el conocimiento completo de su mente. Al dar
cada paso es importante que se someta a
Dios internamente y resista al diablo leyen-
do en voz alta cada oración y declaración
(Santiago 4:7).

Los pasos que siguen no son más que un
inventario moral muy serio y un compromiso
con la verdad firme como una roca. Si sus
problemas surgen de una fuente que no está
entre aquellas cubiertas en estos pasos, no
tiene nada que perder pasando por ellos. Muchos ministerios cristianos de asesoramiento
de todo el mundo, usan estos pasos a la libertad con sus clientes además de cualquier otra
terapia personal requerida. Lo peor que puede
pasar es que se pondrá bien con Dios en estas
cosas.

## Paso 1: Falso versus real

El primer paso a la libertad en Cristo es:
renunciar a toda relación pasada o presente
con prácticas o costumbres de inspiración
satánica o con falsas religiones. Puede que
haya probado muchas maneras en el pasado
para resolver sus problemas espirituales y hallar sentido en la vida. Toda actividad o grupo que niegue a Jesucristo, que ofrezca guía
por medio de cualquier otra fuente que no sea
la autoridad absoluta de la Palabra de Dios
escrita, o que exija iniciaciones, ceremonias o
pactos secretos debe ser abandonado. Ningún

cristiano tiene nada que hacer, como parte de un grupo que no sea completamente abierto sobre lo que ellos hacen (1 Juan 1:5,7). Si los líderes de un grupo exigen tener la autoridad absoluta en lugar de servir a las necesidades de los miembros, no se someta a ellos.

La iglesia de los primeros tiempos, incluía en su declaración pública de fe: "yo renuncio a ti, Satanás, y a todas tus obras y caminos". La iglesia católica, la iglesia ortodoxa oriental y muchas otras iglesias litúrgicas aún exigen esta renuncia como parte de la confirmación. Por algún motivo ha desaparecido de la mayoría de las iglesias evangélicas. Usted no sólo debe escoger la verdad, si no renunciar a Satanás y sus mentiras. No hay zonas grises de la verdad. Jesús dijo: "El que no es conmigo, contra mí es; y el que conmigo no recoge, desparrama" (Lucas 11:23). No hay muchos caminos a Dios; hay un solo camino (Juan 14:6). Los cristianos no son estrechos de criterio cuando se afirman en lo que Dios ha declarado.

Al evaluar las falsificaciones del cristianismo, no hay criterio más importante que la Persona de Jesucristo. Pablo escribió: "Pero temo que como la serpiente con su astucia engañó a Eva, vuestros sentidos sean de alguna manera extraviados de la sincera fidelidad a Cristo. Porque si viene alguno predicando a otro [allos] Jesús que el que os hemos predicado, o si recibís otro [heteros] espíritu que el que habéis recibido, u otro [heteros] evangelio que el que habéis aceptado, bien lo toleráis. (2 Corintios 11:3,4). Otras religiones y sectas pueden hablar de Jesús pero lo presentan en otra forma que aquella en que Él es presentado en la Escritura. Ellos pueden hablar del mismo Jesús histórico pero no del Hijo de Dios, del Alfa y Omega, y el gran YO SOY. Jesús dijo: "Porque si no creéis que yo soy, en vuestros pecados moriréis" (Juan 8:24). Si usted cree en Jesús de otra manera que aquella en que Él es presentado en la Biblia, recibirá un espíritu completamente diferente del Espíritu Santo y un evangelio completamente diferente del evangelio de gracia.

Para ayudarle a evaluar sus experiencias espirituales anteriores, conteste el "Inventario de experiencias espirituales no-cristianas" que se halla al final del libro. La lista no es exhaustiva pero le guiará para identificar participaciones no-cristianas. Al ir dando este paso ore en la siguiente forma:

Querido Padre celestial: Te pido que me reveles toda participación que yo haya tenido, a sabiendas o no, con prácticas ocultistas, religiones falsas y maestros falsos.

Escriba todo lo que Dios le traiga a la mente. Una vez que esté seguro de que su lista está completa, ore lo que sigue por cada práctica, religión o maestro:

SEÑOR, Yo confieso que he participado en_____. Pido Tu perdón y renuncio a _____ por ser una falsificación del cristianismo verdadero.

No se sienta mal si debe confesar varias categorías. Mucha gente herida como usted, ha sido mal guiada a un mundo lleno de sectas, religiones falsas y maestros falsos. He tratado personas que han marcado hasta la mitad de la lista.

Algunos vacilan al responder el inventario, porque no creen haber participado realmente en estas actividades. Sin embargo, si hay o hubo algún familiar suyo que haya participado, póngalo en la lista de actividades para renunciar, en el caso que haya dado un asidero a Satanás sin saberlo. Una joven que aconsejé había, sencillamente, ido con su madre a ver a un médium y ella, la hija, salió con su guía espiritual a cuestas. Un ex misionero me contó que, mientras servía en China, fue a un funeral budista participando inocentemente en el ritual, al sacarse los zapatos, lo cual es un acto de adoración de muchas religiones orientales. Esa noche los demonios se burlaron de él, mientras trataba de hacer sus devociones. Cuando escuchó mis cintas sobre el tema, renunció a su participación en una religión pagana, reprendió a los espíritus malignos y les ordenó que se fueran y no molestaran más y ellos les obedecieron.

No se asombre si encuentra cierta resistencia mientras da este paso. Una mujer mormona que fue a una de mis conferencias me dijo, que una voz interna estuvo instándola todo el día a, "vete de aquí. Este es aquel sobre quien te advertimos". Sin embargo, ella se quedó y halló su libertad en Cristo. Después, fue con otros familiares a otra conferencia. Satanás no quiere que usted sea libre y hará lo que pueda para impedirle dar estos pasos a la libertad.

## Paso 2: El engaño en contraste a la verdad

La verdad es primordialmente la revelación de la Palabra de Dios, pero también incluye la verdad en el ser interior (Salmo 51:6). Cuando David vivió una mentira, sufrió grandemente. Cuando finalmente encontró la libertad al reconocer la verdad, escribió:

"Bienaventurado el hombre en cuyo espíritu no hay engaño" (Salmo 32:2). Debemos desechar la mentira y hablar la verdad en amor (Efesios 4:15,25). Una persona mentalmente sana es la que está en contacto con la realidad y está relativamente libre de la ansiedad. Ambas cualidades deben ser características del creyente que renuncia al engaño y abraza la verdad.

Empiece este paso crucial al expresar en voz alta la siguiente oración:

Amado Padre celestial: "Sé que Tú deseas la verdad en el ser interior y que el camino hacia la libertad es enfrentar esta verdad (Juan 8:32). Reconozco que he sido engañado por el padre de las mentiras (Juan 8:44) y me he engañado a mí mismo (1 Juan 1:8). Oro en el nombre del Señor Jesucristo que Tú, Padre celestial, reprendas a todos los espíritus engañadores por virtud de la sangre derramada y la resurrección del Señor Jesucristo. Como por fe Te he recibido en mi vida y ahora estoy sentado en los lugares celestiales con Cristo (Efesios 2:6), mando a todos los espíritus malignos que se vayan de mí. Ahora le pido al Espíritu Santo que me guíe en toda verdad (Juan 16:13). Te pido *"Examíname, oh Dios, y conoce mi corazón; pruébame y conoce mis pensamientos; y ve si hay en mí camino de perversidad, y guíame en el camino eterno"* (Salmo 139:23-24). Oro en el nombre de Jesús. Amén.

Elegir la verdad puede ser difícil, si ha estado viviendo una mentira por muchos años. Ahora puede tener que buscar ayuda profesional para desarraigar los mecanismos de defensa, de los cuales ha dependido todo este tiempo para sobrevivir. El cristiano necesita una sola defensa: Jesús. Sabiendo que usted está perdonado y aceptado como hijo de Dios le deja libre para enfrentar la realidad y declarar su dependencia de Él.

El engaño es el más sutil de todos los asideros satánicos. ¿Se ha dado cuenta de que toda la gente con conductas adictivas se mienten a sí mismos y a los demás casi continuamente? El alcohólico miente sobre lo que bebe, la anoréxica miente de lo que come y el delincuente sexual miente sobre su conducta. Mentir es una defensa maligna impulsada por el padre de mentira, Satanás (Juan 8:44). Un pastor me contó de un grupo de alcohólicos en recuperación de su iglesia, que estaban formando un grupo de apoyo. Ellos insistieron en que el lema del catálogo dijera: "¿Cansado de oír esas voces?" Asista a una reunión de Alcohólicos Anónimos y oirá frases como: "No presten atención al comité dentro de su cabeza". Las mentiras de Satanás están en el corazón de la conducta adictivas. El aspecto espiritual de la conducta adictiva no puede pasarse por alto.

La fe es la respuesta bíblica a la verdad; creer la verdad es una decisión. Cuando alguien dice: "Yo quiero creer a Dios, pero simplemente no puedo" está siendo engañado. ¡Claro que usted puede creer a Dios! La fe es algo que usted *decide hacer*, no es algo que usted *sienta ganas de hacer*. Creer la verdad no la hace verdadera. Es verdad por tanto la creemos. El movimiento de la Nueva Era y los adeptos del "nómbralo y reclámalo" distorsionan la verdad diciendo que creamos realidad por medio de lo que creemos. La fe *no crea* realidad; la fe *responde a* la realidad. No es la idea que usted simplemente 'cree' lo que cuenta; es lo que usted cree o en quien cree, lo que cuenta. Todos creen en algo y todos caminan por fe de acuerdo a lo que creen. Si usted cree algo que no es verdadero, entonces la manera en que usted viva no será buena.

Su fe será solamente tan grande como sea su conocimiento del objeto de su fe. Si conoce poco de Dios y Su Palabra, tendrá poca fe. Por eso la fe no puede bombearse para que aumente. Todo intento de vivir por fe, más allá de lo que usted sabe absolutamente que es verdad, es presunción. Si usted solamente cree lo que siente, será llevado por la vida de un impulso emocional a otro. El camino de la verdad empieza con la verdad de la Palabra de Dios. Crea la verdad y camine por fe de acuerdo con lo que cree y, entonces, sus sentimientos se alinearán con lo que piensa y la manera en que se comporta.

La Iglesia ha hallado, históricamente, que tiene gran valor declarar públicamente sus creencias. El Credo de los Apóstoles y el Credo Niceno han sido recitados por siglos. Lea en voz alta la siguiente afirmación de fe y hágalo tan a menudo como sea necesario para renovar su mente y asumir su postura de acuerdo con la verdad. Le recomiendo que la lea diariamente durante varias semanas, especialmente si está solucionando un conflicto espiritual personal:

## *Afirmación doctrinal*

Reconozco que hay un solo Dios verdadero y vivo (Éxodo 20:2-3), que existe como Padre, Hijo y Espíritu Santo; que Él es digno de todo honor, alabanza y adoración como Creador, Sustentador, Principio y Fin de todas las cosas (Apocalipsis 4:11; 5:9-10; Isaías 43:1,7,21).

Reconozco a Jesucristo como el Mesías, el Verbo que se hizo carne y habitó entre nosotros (Juan 1:1,14). Creo que Él vino para destruir las obras de Satanás (1 Juan 3:8), que Él despojó a los principados y a las potestades, exhibiéndolas públicamente, habiendo triunfado sobre ellos (Colosenses 2:15).

Creo que Dios ha demostrado Su amor por mí, porque cuando aún yo era pecador, Cristo murió por mí (Romanos 5:8). Creo que Él me salvó del dominio de la oscuridad y me trasladó a Su reino; y en Él tengo redención, el perdón de pecados (Colosenses 1:13-14).

Creo que ahora soy hijo de Dios (1 Juan 3:1-3) y que estoy sentado con Cristo en los lugares celestiales (Efesios 2:6). Creo que fui salvo por la gracia de Dios por medio de la fe, y que fue un regalo y no resultado de cualquier obra de mi parte (Efesios 2:8).

Opto por ser fuerte en el Señor y en la fuerza de Su poder (Efesios 6:10). No tengo confianza en la carne (Filipenses 3:3), porque las armas de mi lucha no son carnales (2 Corintios 10:4). Me visto con toda la armadura de Dios (Efesios 6:10-20) y resuelvo afirmarme en mi fe y a resistir al maligno.

Creo que Jesús tiene toda autoridad en el cielo y la tierra (Mateo 28:18) y que Él es la cabeza sobre todo principado y potestad (Colosenses 2:10). Creo que Satanás y sus demonios están sujetos a mí en Cristo porque soy miembro del Cuerpo de Cristo (Efesios 1:19-23). Por lo tanto, obedezco el mandamiento de resistir al diablo (Santiago 4:7) y le ordeno en el nombre de Cristo alejarse de mi presencia.

Creo que separado de Cristo nada puedo hacer (Juan 15:5) así que declaro mi dependencia de Él. Decido permanecer en Cristo para llevar mucho fruto y glorificar al Señor (Juan 15:8). Anuncio a Satanás que Jesús es mi Señor (1 Corintios 12:3) y rechazo cualquier don u obra falsificada por Satanás en mi vida.

Creo que la verdad me liberará (Juan 8:32) y que el andar en la luz es el único camino de confraternización (1 Juan 1:7). Por lo tanto, resisto el engaño de Satanás al llevar cada pensamiento cautivo a la obediencia a Cristo (2 Corintios 10:5). Declaro que la Biblia es la única norma autoritaria (2 Timoteo 3:15-17). Opto por decir la verdad en amor (Efesios 4:15).

Opto por presentar mi cuerpo como instrumento de justicia, en sacrificio vivo y santo, y renuevo mi mente por medio de la Palabra viva de Dios, para poder comprobar que la voluntad de Dios es buena, agradable y perfecta (Romanos 6:13; 12:1-2).

Le pido a mi Padre celestial que me llene con Su Espíritu Santo (Efesios 5:18), que me guíe en toda la verdad (Juan 16:13) y que me dé el poder de vivir sin pecado y no satisfacer los deseos de la carne (Gálatas 5:16). Crucifico la carne (Gálatas 5:24) y decido caminar según el Espíritu.

Renuncio a todas las metas egoístas y escojo la meta final de amor (1 Timoteo 1:5). Opto por obedecer los dos mandamientos más grandes: amar al Señor mi Dios con todo mi corazón, con toda mi alma y con toda mi mente, y amar a mi prójimo como a mí mismo (Mateo 22:37-39).

## Paso 3: La amargura contra el perdón

La mayor parte del terreno que Satanás gana en las vidas de los cristianos se debe a la falta de perdón. Se nos advierte que perdonemos a los demás, para que Satanás no pueda sacarnos ventaja (2 Corintios 2:10,11). Dios nos pide que perdonemos a los demás de todo corazón o Él volcará a los atormentadores a nosotros (Mateo 18:34,35). ¿Por qué es tan importante el perdón para nuestra libertad? Debido a la cruz. Dios no nos dio lo que *merecemos*; Él nos dio lo que *necesitábamos* conforme a Su misericordia. Tenemos que ser misericordiosos como nuestro Padre celestial es misericordioso (Lucas 6:36). Tenemos que perdonar como hemos sido perdonados (Efesios 4:31,32).

Perdonar no es olvidar. La gente que trata de olvidar encuentra que no puede. Dios dice que Él no recordará más nuestros pecados (Hebreos 10:17), pero Dios no puede olvidar por ser omnisciente. No recordar más nuestros pecados significa, que Dios nunca usará el pasado contra nosotros (Salmo 103:12). Olvidar puede resultar de perdonar, pero nunca es el medio para perdonar. Cuando echamos en cara el pasado a otras personas, no los hemos perdonado.

El perdón es una decisión, una crisis de la voluntad. Puesto que Dios nos manda perdonar, es algo que sí podemos hacer. Dios nunca nos exigiría hacer algo que no podemos hacer.

Perdonar nos resulta difícil porque va en contra de nuestro concepto de justicia. Queremos la venganza por las ofensas sufridas, pero nunca se nos manda a tomar nuestra propia venganza (Romanos 12:19). "¿Por qué he de dejarlo libre?" —protestamos. Nosotros los dejamos libres pero Dios nunca lo hace. Él los tratará con justicia —algo que nosotros no podemos hacer.

Si usted no suelta a los que le han ofendido, usted sigue amarrado a ellos, y lo que sucedió sigue ahí doliendo, eso significa que el dolor va a continuar. No se perdona a alguien por él mismo sino por *uno mismo*, para poder libertarse. Su necesidad de perdonar no es cosa suya y del ofensor sino cosa entre usted y Dios.

Perdonar es decidir vivir con las consecuencias del pecado de otra persona. Perdonar cuesta caro; pagamos el precio de la maldad que perdonamos. Sin embargo, usted va a vivir con esas consecuencias, quiéralo o no; su única opción es decidir si vivirá amargado al no perdonar o con la libertad del perdón. Así es ccmo Jesús lo perdonó a usted: Él asumió las consecuencias de nuestros pecados sobre Sí mismo. Perdonar de verdad es substitutivo, porque nadie perdona realmente sin sufrir las consecuencias del pecado de la otra persona.

¿Cómo se perdona de corazón? Primeramente, reconozca el dolor y el odio. Si su perdón no abarca el meollo emocional de su vida, será incompleto. Esta es la gran máscara evangélica. Los cristianos sentimos el dolor de las ofensas interpersonales, pero no lo reconocemos. Permita que Dios saque el dolor a la superficie para que Él pueda tratarlo. Aquí es donde tiene lugar la sanidad. Pida a Dios que le haga recordar a aquellas personas que usted debe perdonar, mientras lee en voz alta esta oración:

Amado Padre celestial: Te agradezco las riquezas de Tu bondad, clemencia y paciencia, sabiendo que Tu bondad me ha conducido al arrepentimiento (Romanos 2:4). Confieso que no he extendido esa misma paciencia y clemencia hacia el prójimo que me ha ofendido, sino que he abrigado rencor y resentimiento. Pido que durante este momento de examen de mí mismo, Tú me hagas recordar solamente a las personas a quienes no he perdonado para poder hacerlo (Mateo 18:35). También Te pido que si he ofendido a otras personas, me hagas recordar solamente a quienes tengo que pedir perdón y la medida en que tengo que hacerlo (Mateo 5:23,24). Pido esto en el precioso nombre de Jesús. Amén.

Mientras ora, prepárese para que le vengan nombres a la mente que han estado bloqueados de su memoria. Haga una lista de todos los que le han ofendido. Enfrente la cruz; haga que el perdón sea legal y moralmente justo. Como Dios los ha perdonado, usted también puede. Decida que llevará el peso de los pecados de ellos sin usar, en el futuro, la información referida a sus pecados en contra de ellos. Esto no significa que usted tolere el pecado de ellos. Tolerar el pecado es burlarse del perdón. Usted siempre debe ponerse en contra del pecado.

No espere para perdonar hasta que sienta deseos de hacerlo; nunca los tendrá. Los sentimientos necesitan tiempo para sanar después que se toma la decisión de perdonar y Satanás pierde su lugar (Efesios 4:26-27).

Por cada persona de la lista diga: "Señor, yo perdono a _____(nombre) por _____(pecados). No diga: "Señor, yo quiero perdonar" porque con eso soslaya la opción difícil de perdonar, la cual es responsabilidad personal suya. Siga orando por cada persona hasta estar seguro, que todo el dolor evocado ha sido tratado. Al orar, es posible que Dios le haga recordar personas y experiencias ofensivas que había olvidado totalmente. Permita que Él haga esto aunque sea doloroso. Dios quiere que usted quede libre. No racionalice ni explique la conducta del ofensor. El perdón trata el dolor suyo, no trata la conducta de otra persona. Recuerde: los sentimientos positivos llegarán oportunamente; lo que ahora importa es que usted se libere del pasado.

## *Paso 4: La rebelión contra la sumisión*

Vivimos en una generación rebelde, de personas que creen que tienen derecho a juzgar a quienes están en autoridad sobre ellos. Los cristianos no constituyen excepción. Los miembros de la iglesia critican al coro y critican el sermón. Haríamos mucho mejor si entráramos a adorar en lugar de criticar la adoración y dejáramos que el sermón nos juzgara en lugar de criticarlo.

Rebelarse contra Dios a nada conduce si no a problemas. Como Comandante en Jefe nuestro el Señor dice: "Fórmense y síganme. No les guiaré en la tentación; les libraré del mal". Sin embargo, nosotros decimos a veces: "No, hoy no quiero seguir" y nos salimos de la fila, hacemos lo que nos parece y somos heridos. Entonces culpamos a Dios por no protegernos.

También somos tentados a rebelarnos contra la autoridad humana. Tenemos dos responsabilidades bíblicas respecto de las figuras de autoridad: Orar por ellos y someternos a su autoridad. La única vez en que Dios nos permite desobedecer a los líderes terrenales, es cuando nos piden que hagamos algo moralmente malo ante Dios. Estudie los siguientes pasajes de la Escritura para entender más y mejor nuestra respuesta a la autoridad:

- Gobierno civil (Romanos 13:1-5; 1 Timoteo 2:1-4; 1 Pedro 2;13-16).
- Padres (Efesios 6:1-3)
- Marido (1 Pedro 3:1,2)
- Empleador (1 Pedro 2:18-21)
- Líderes de la Iglesia (Hebreos 13:17).

Someterse a la autoridad humana demuestra fe. Al someterse a la línea de autoridad de Dios, usted opta por creer que Dios le protegerá y bendecirá y que todo será bueno para usted. Pídale perdón a Dios por aquellas ocasiones en que no ha sido sumiso y declare su confianza en Dios, para que obre por medio de Sus parámetros establecidos de autoridad. Después de haber confesado toda rebelión voluntaria contra Dios, diga en voz alta la siguiente oración:

Amado Padre celestial: Tú has dicho que la rebelión es como el pecado de adivinación y la obstinación es como la iniquidad e idolatría (1 Samuel 15:23). Sé que con mis acciones y mi actitud he pecado contra Ti con un corazón rebelde. Te pido que me perdones por mi rebelión y ruego que por la sangre derramada del Señor Jesucristo, todo terreno ganado por los espíritus malignos, debido a mi rebelión sea cancelado. Oro que Tú derrames luz en todos mis caminos para que yo pueda conocer toda la magnitud de mi rebelión y opto por adoptar un espíritu sumiso y el corazón de siervo. En el nombre de Cristo Jesús mi Señor. Amén.

## Paso 5: El orgullo en contra de la humildad

El orgullo mata. El orgullo dice: "¡Yo puedo hacerlo! Puedo salir de este problema sin la ayuda de Dios ni de nadie más". ¡Oh, no, no podemos! Necesitamos absolutamente a Dios y desesperadamente unos a otros. Pablo escribió: "Porque nosotros somos la circuncisión, los que en espíritu servimos a Dios y nos gloriamos en Cristo Jesús, no teniendo confianza en la carne" (Filipenses 3:3). La humildad es la confianza debidamente fijada. Examine las instrucciones sobre el orgullo y la humildad de Santiago 4:6-10 y 1 Pedro 5:1-10. El contexto revela que el conflicto espiritual sigue a la expresión del orgullo. El orgullo es lo que hizo que Lucifer fuera expulsado del cielo. Use la siguiente oración para manifestar su compromiso a vivir humildemente ante Dios:

Amado Padre celestial: Tú has dicho que la soberbia viene antes del quebrantamiento; y el espíritu altivo antes de la caída (Proverbios 16:18). Confieso que no me he negado a mí mismo, ni he tomado mi cruz diariamente para seguirte (Mateo 16:24). Al no hacer esto, le he dado lugar al enemigo en mi vida. Yo he creído que podía tener éxito y vivir victoriosamente por medio de mis propias fuerzas y recursos. Ahora confieso que he pecado contra Ti anteponiendo mi voluntad a la Tuya y centrando mi vida en mí mismo en vez de centrarla en Ti. Ahora renuncio a la vida egoísta y al hacerlo, cancelo toda la ventaja que han ganado los enemigos del Señor Jesucristo en mis miembros. Te ruego que me guíes para que nada haga por egoísmo o por vanagloria, sino que con humildad de mente considere a los demás como más importantes que yo mismo (Filipenses 2:3). Facúltame para servir a los demás con amor y dar preferencia a otros con honor (Romanos 12:10). Esto lo pido en el nombre de mi Señor Jesucristo. Amén.

## Paso 6: Las ataduras en contra de la libertad

El siguiente paso hacia la libertad tiene que ver con el pecado habitual. Las personas atrapadas en el círculo vicioso de pecar-confesar-pecar-confesar, deben seguir las instrucciones de Santiago 5:16: "Confesaos vuestras ofensas unos a otros, y orad unos por otros, para que seáis perdonados. La oración eficaz del justo puede mucho". Busque a una persona justa que le eleve y sostenga en oración y a quien le pueda rendir cuentas. Otras personas pueden necesitar solamente la seguridad de 1 Juan 1:9: "Si confesamos nuestros pecados, él es fiel y justo para perdonar nuestros pecados y limpiarnos de toda maldad".

Eleve a Dios la siguiente oración sea que necesite la ayuda de terceros o que le baste con rendir cuentas responsables a Dios:

Amado Padre celestial: Nos has dicho que nos vistamos del Señor Jesucristo sin proveer para los deseos de la carne (Romanos 13:14). Reconozco que he cedido a los deseos de la carne que están en guerra contra mi alma (1 Pedro 2:11). Te doy las gracias porque en Cristo mis pecados han sido perdonados, pero he pecado contra Tu santa ley y le he dado oportunidad al enemigo de luchar en mis miembros (Efesios 4:27; Santiago 4:1; 1 Pedro 5:8). Vengo a Tu presencia para reconocer estos pecados y buscar Tu limpieza (1 Juan 1:9) para quedar libre de las ataduras del pecado.

Ahora Te pido que reveles a mi mente las maneras en que he quebrantado Tu ley moral y que he
entristecido al Espíritu Santo.

Después que haya confesado todo pecado
conocido, ore:

Ahora confieso estos pecados a Ti y reclamo
mi perdón y limpieza por medio de la sangre del
Señor Jesucristo. Cancelo toda ventaja que los
espíritus malignos hayan ganado por medio de mi
participación voluntaria en el pecado. Pido esto
en el maravilloso nombre de mi Señor y Salvador,
Jesucristo. Amén.

## *Paso 7: El consentimiento contra el rechazo*

El último paso a la libertad es renunciar a
los pecados de sus antepasados, junto con
todas las maldiciones que pudieron haber sido
puestas sobre usted. Al dar los Diez Mandamientos Dios dijo: "No te harás imagen, ni
ninguna semejanza de lo que esté arriba en el
cielo, ni abajo en la tierra, ni en las aguas
debajo de la tierra. No te inclinarás a ellas, ni
las honrarás; porque yo soy Jehová tu Dios,
fuerte, celoso, que visito la maldad de los
padres sobre los hijos hasta la tercera y cuarta
generación de los que me aborrecen" (Éxodo
20:4-5). El hecho de que los asideros demoníacos pueden ser pasados de una generación

a otra está bien corroborado por aquellos que
aconsejan al afligido. Esto no es negar que
muchos problemas se transmiten genéticamente
o se adquieren en una atmósfera inmoral. Las
tres condiciones pueden predisponer a un indi-
viduo para cierto pecado en particular.

Cuando usted demuele un asidero satánico
que fue establecido en su familia, espere resistencia. Uno de mis alumnos del seminario se
sentó, atónito, luego de orar dando este sépti-
mo paso. "¡No puedo creerlo! —exclamó—.
Tuve que agarrarme a la silla para impedirme
salir corriendo de la sala durante la última
oración".

—¿Cuál es tu herencia familiar? —pregunté.

—Mi madre es médium, ¡totalmente metida
en la Nueva Era!

El diablo no quiere entregar su territorio y
tratará de interrumpirle cuando usted tome
autoridad sobre él.

Una ex mormona estaba orando en este
paso cuando se detuvo repentinamente, aterra-
da.

—Dígame que escucha —dije.

—¿Quiere decirme que lo ve allí?

—¿Quién?

—Mi padre muerto, parado ahí mismo, de-
trás de usted.

No me di vuelta a mirar porque lo que ella
estaba viendo estaba en su mente y no era su
padre.

—¿Qué pasa con su padre? —pregunté.

—Yo soy responsable de él —dijo ella.

Los mormones creen que son responsables de los familiares. Hasta llegan a casarse y ser bautizados por cuenta de los parientes muertos. Cuando esta mujer renunció a su relación con ese espíritu y a sus creencias mormonas, quedó libre del asidero demoníaco.

Los hijos adoptados pueden estar sometidos especialmente a fortalezas satánicas, debido a su parentesco natural, pero hasta un hijo adoptivo puede llegar a ser una nueva creación en Cristo y debe renunciar activamente las viejas fortalezas abrazando su legado como hijo de Dios.

Si usted fue sujeto a ritual satánico, hay muchas posibilidades que le hayan asignado un 'guardián' o 'padre/madre' espiritual. Estas relaciones espirituales deben ser renunciadas específicamente, junto con todos los pactos de sangre que le unieron con alguien que no era Dios. Yo no avanzaba con una víctima de abuso satánico hasta que me dijo que, en un ritual, una señora de pelo castaño fue asignada para ser su madre. Cuando renunció a esa relación, quedó libre para procesar el resto de sus problemas. Si usted es víctima de abuso ritual, busque ayuda de un consejero experto que sepa de las fortalezas satánicas.

Para liberarse de las influencias pasadas, diga la siguiente oración:

Amado Padre celestial: Vengo a Ti como Tu hijo, comprado por la sangre del Señor Jesucristo. Aquí y ahora yo rechazo y desheredo todos los pecados de mis antepasados. Como quien ha sido librado de las potestades de las tinieblas y trasladado al reino del amado Hijo de Dios, cancelo toda obra demoníaca que me haya sido pasada de mis antepasados. Como quien ha sido crucificado y ha resucitado con Cristo y que se sienta con Él en los lugares celestiales, rechazo todos y cada uno de los modos en que Satanás pueda reclamar propiedad de mí. Me declaro estar completa y eternamente cedido y comprometido con el Señor Jesucristo. Ahora yo mando a todo espíritu familiar y a todo enemigo del Señor Jesucristo que esté en mí o alrededor de mí que se vaya de mi presencia y nunca regrese. Ahora te pido, Padre celestial, que me llenes con Tu Espíritu Santo. Someto mi cuerpo como instrumento de justicia, sacrificio vivo, para que pueda glorificarte en mi cuerpo. Hago todo esto en el nombre y autoridad del Señor Jesucristo. Amén.

Una vez que haya asegurado su libertad dando estos siete pasos, puede ser que note que las influencias demoníacas intentan regresar a los días o incluso meses después. Una persona me comentó que escuchó que un espíritu le dijo en su mente: "¡Estoy de vuelta!" dos días después de haber quedado libre. "No lo estás —proclamó ella en voz alta. El ataque cesó de inmediato.

Una victoria no constituye una guerra ganada pero muchas victorias son la característica que marcan al guerrero triunfante. La libertad debe ser mantenida. Después de haber dado estos pasos, una mujer muy feliz preguntó:

—¿Siempre estaré así?

Le dije que estaría libre mientras permaneciera en la relación correcta con Dios.

—Aun si resbala y cae —le animé—, ya sabe cómo arreglar las cuentas con Dios.

Una víctima de increíbles atrocidades, compartió conmigo una excelente ilustración después de hallar su libertad en Cristo. En su ilustración ella era forzada a participar en un juego con un tipo extraño y desagradable en su propia casa. Ella seguía perdiendo y quería dejar de jugar pero ese tipo extraño no la dejaba. Al fin llamó a la policía (una autoridad superior) y ellos vinieron a sacar al extraño. Cuando éste tocó a la puerta intentando regresar, ella reconoció su voz y no lo dejó pasar.

Hermosa ilustración de nuestra libertad en Cristo. Pedimos ayuda de Cristo, y Él saca al enemigo de nuestra vida. Responsabilidad nuestra es no dejarle entrar de nuevo (Gálatas 5:1). Póngase firme y resístalo ¡Esta es una guerra que se puede ganar!

## *Inventario de experiencias espirituales no cristianas*

Marque cualquiera de las siguientes actividades en que usted haya participado en alguna
forma.

### Ocultismo

- Proyección astral
- Tabla Ouija
- Levantar mesas
- Hablar en trance
- Escritura automática
- Sueños con visiones
- Telepatía
- Fantasmas
- Materializaciones
- Clarividencia
- Clarisensibilidad
- Ver o verse la suerte
- Cartas tarot
- Lectura de las manos
- Astrología
- Vara y péndulo
- Hipnosis de aficionados
- Magnetismo sanador
- Encantamientos mágicos (conjuros)
- Sugestión mental
- Magia negra y blanca
- Pactos de sangre
- Fetichismo
- Incubos y súcubos (espíritus sexuales)

### Sectas

- Ciencia Cristiana

- Unidad
- Cientología
- El Camino Internacional
- La Iglesia de la unificación
- Iglesia de la Palabra Viva
- Mormonismo
- Testigos de Jehová
- Hijos o Niños de Dios
- Swedenborgianismo
- H. W. Armstrong (Iglesia de Dios Mundial)
- Unitarianismo
- Masones
- Nueva Era

## Otras Religiones
- Budismo Zen
- Hare Krishna
- Bahai
- Rosacruces
- Ciencia de la Mente
- Ciencia de la inteligencia creadora
- Hinduismo
- Meditación trascendental
- Yoga
- Eckankar
- Roy Masters
- Control mental Silva
- Padre Divino
- Sociedad Teosófica
- Islam
- Musulmanes negros
- Otros